tredition®
www.tredition.de

AF290882

Paola Soraya

Some Nights

Our Souls Leave Our Bodies

www.tredition.de

Verlag und Druck:
tredition GmbH, Halenreie 40-44, 22359 Hamburg

ISBN
Paperback: 978-3-347-26014-6
Hardcover: 978-3-347-26015-3
e-Book: 978-3-347-26016-0

Writing this
Made me feel alive.

<u>*Neonlichter*</u>

Neonlichter,

Grell und bunt,

Benebeln uns,

Betören uns,

Verwirren uns.

Doch genau diese Verwirrung ist es

Die wir brauchen

Um das was wir Alltag nennen

Zu ertragen

Und uns täglich zu fragen

Ob wir genug sind;

Oder vielleicht doch zu viel?

Keiner mag es,

Doch jeder spielt diese Spiel.

Das Spiel des Alltags;

Und dann sind da die Neonlichter.

Die Menge bebt,

Die Menge schwebt,

Jeder hofft

Dass bloß nie das Licht angeht.

Denn in der Nacht zeigen alle ihr wahres Gesicht.

Gezeichnet vom Alltag,

Doch vertuscht vom Neonlicht.

Es ist als ob tausend Sterne leuchten,

Viele von ihnen

Schon vor Lichtjahren gestorben;

Heben ihre Fäuste

Und lassen sich betäuben

Vom Licht der Nacht

Und den Tränen im Glas.

Sie nennen sich Räuber der Nacht,

Diebe der Liebe,

Doch es gibt keinen

Der über sie wacht.

So ist das mit der Nacht.

Sie ist es was unsere Seelen hungrig macht.

Getrieben von Lust und Durst,

Durst nach Leben und Nähe.

Es ist als ob tausend Sterne leuchten,

Doch spätestens morgens

Auf dem Nachhauseweg

Ist alles wie vom Winde verweht.

Die letzten Sterne verglühen langsam

Wie Zigaretten am Straßenrand

Und trotzdem hältst du dieses Band

Fest in deiner Hand,

Fester geht es kaum,

All das erscheint dir wie ein Traum.

Und wenn du merkst wie die Sonne aufgeht,

Flieh!

Denn der Anblick deiner Neonlichter,

Wie sie verblassen,

Fast schon schmelzen,

Den kannst du nicht ertragen.

Die Nacht,

Sie liegt dir schwer im Magen,

Denn dein Halt,

Dein geliebtes Neonlicht

Gibt es bis zum nächsten Dunkel nicht.

Fever Dreams

Fever dreams,

Foggy mornings.

Roses are red,

Violets are blue,

My favorite utopia

Will always be you.

Your mind fades,

Lost in the night,

You left,

2 am,

I wanted to stay for a while.

Next chapter,

Far from grey,

Cherry wine,

Oh, how you take my breath away.

It feels like drowning,

You get so high,

An amber mind

And those tear colored smiles.

Your eyes look like a garden,

So familiar and warm,

Who would have ever thought

They could cause such a storm.

<u>*Birthday*</u>

Birthday cake and lemonade,

Mercury retrograde,

Feelings deep and feelings fade,

Oh Lord,

Please give me some first aid.

Those tiny freckles

Oh, they get me every time,

When, oh, when

Will you stop

Being high.

Cherry cake and chocolate,

Sinners all along,

But oh, how much I love them,

This pain,

It burns so strong.

<u>*Momentaufnahme*</u>

Manchmal will ich gar nicht

Einen Moment an sich einfangen können

Sondern viel mehr das Gefühl

Welches ich in diesem Moment fühle.

Dieses warme Gefühl

Der Veränderung,

Des Wachstums

Und dessen,

Dass alles gut wird.

Es fühlt sich an wie goldgelbe Funken.

Wie helle Stadtlichter in der Dunkelheit.

Wie ein warmer starker Kaffee

Nach einer langen Nacht.

<u>Gefühle</u>

Sie sind so viel größer

Als der Verstand es erlaubt.

Sie sind so viel bunter

Als das Gehirn sie speichern kann.

Sie sind so viel schwerer

Als das Herz zu tragen vermag.

<u>Vielleicht</u>

Es sind die Eventualitäten des Lebens

Die uns zerreißen.

Die Was-Wäre-Wenn´s.

Die Ideen

Die uns einen Knoten

Und gleichzeitig

Schmetterlinge im Bauch bereiten.

Was war der Moment

In dem du dachtest du stirbst?

Nicht äußerlich

Sondern innerlich.

Genau dieser Moment

An den du gerade denkst,

Der dich heimsucht,

Immer wieder seinen Weg zurück zu dir findet,

Immer wieder vor deinem inneren Auge abläuft

Wie ein Film

War dein Wendepunkt.

Der Schmerz

Den du immer noch davon spürst

Ist die Narbe

Die dich zum Überlebenskünstler macht.

Trage sie mit Stolz.

Du bist am Leben.

15

<u>*Valley*</u>

Paralyzed

As I am falling

And suddenly

It all makes sense.

Beauty only exists in memory

Because in that particular moment

We do not get the beauty

That lies within it.

We only see it afterwards.

I guess otherwise

Beauty would be excessively overwhelming.

I remember my 18-year-old self

Sitting in this valley,

Seeing the beauty of this moment

And thinking

Oh, in a few years

I will look back at this beautiful memory.

And I do;

But it feels different.

It is not the beautiful landscape I remember.

It is the beauty of remembering

How much I still had to learn

And understand

Back then.

Which now I do understand

This is real beauty.

That, four years from then,

It will all make sense.

That everything is slowly

Falling into its place.

That there has been

So much growth taking place

Inside of me

Until this moment.

The beauty of understanding,

Of accepting,

Of moving on,

Of being strong all by myself,

Of losing someone I adored

More than I adored myself back then.

As a conclusion to this loss,

Finding myself,

Finding my worth.

Who knows

What will be four years from now.

Yesterday is history,

Tomorrow is a mystery

And that is beauty.

18

<u>*How Far*</u>

You feel like quicksand

For I am drowning

In a person-shaped universe;

Tipsy on a dream

Trying not to scream;

What have you done

For I feel so tired

But can never run.

These Three Words

Since that day

I could not say them.

They just would not come out

No matter how hard I try.

In my mind

These three words were

Not only attached to

Being vulnerable

But to losing freedom.

The freedom you gave me

The day you left.

Bittersweet

Isn´t it?

Not wanting to give away

The last thing you gave to me,

`Cause these three words

Are not only words.

They are a weapon,

Deadly and intimidating.

I am scared

That I will never be able

To say them again.

<u>*Winter*</u>

Du spendest Kälte,

Graue Gedanken,

Angst,

Regen und Eis;

Trotzdem vermisse ich dich

Immer und immer wieder:

Jeden Sommer

Wenn mir die warme Sonne

Auf meinen Körper scheint,

Ihn wärmt,

Vermisse ich deine eisige Umarmung.

Kalt wie Eis.

Beängstigend und angenehm zu gleich.

Zuneigung von Kälte

Bedeutet einem oft mehr als von Wärme.

Es ist so seltsam.

Der Mensch und seine Bedürfnisse sind seltsam.

Trotzdem vermisse ich dich jedes Jahr,

Winter.

Und wenn du da bist

Will ich einfach nur, dass du gehst.

Dein ganzes Gedankengut mitnimmst,

Dich nie wieder blicken lässt.

Doch sobald die ersten Sonnenstrahlen meine Nase be-
rühren

Sehne ich mich nach deinem kalten Kuss,

Sehne mich nach der weißen Wolke

Meines kalten Atems.

Wärme weicht Kälte,

Kälte weicht Wärme,

Und immer will man das

Was man nicht hat,

Verzehrt sich daran,

Romantisiert es,

Träumt darüber,

Tagsüber und nachts.

Das Schöne und das Schreckliche ist,

Das Leben gibt einem jedes Jahr Sommer.

Das Leben gibt einem jedes Jahr Winter.

Nur so

Überlebt das Leben.

Und das ist gut,

Auch wenn es wehtut.

Was ein schöner

Nostalgischer Schmerz.

Winter.

Geh nicht.

Komm nicht wieder.

Bleib für immer.

23

Ichlos / Grau

Ohne Mitte

Fließend ohne Strom

Ichlos.

Ich will alles fühlen,

In Farben leben.

Lila, gelb, grün, rot, blau

Bloß alles außer dieses endlose grau.

Wie es diese Farbe schafft

Ein Schleier zu werden,

Eine Person,

Eine Angst,

Werde ich nie verstehen.

Eins weiß ich nur aus tiefstem Herzen

Liebes Grau,

Es tut mir leid

Aber irgendwie auch nicht,

Ich muss weitergehen,

Weiter zu Orange, Türkis, rosa, beige;

Sei mir nicht böse

Aber deine Hände tun mir weh.

Ich weiß du willst es nicht,

Aber bitte geh!

Denn liebes Grau,

ich muss dir sagen

Ich will dich nicht länger bei mir haben

Denn du lässt mich unter Wasser atmen,

Fallen in einen tiefen Schacht

Was hast du nur aus mir gemacht.

Du fühlst dich an

Wie ein stummer Schrei,

Ein leerer Blick,

Stockender Atem,

Und trotz alledem

Will ich nicht mehr länger warten.

Warum, fragst du?

Schwer zu sagen.

Ich schätze der Mensch mag es

Sich zu verlieren,

Nur musst du,

Liebes Grau,

Leider kapieren:

Das mit uns kann so nicht funktionieren,

Denn du raubst mir meine Kraft –

Ja du hast es soweit geschafft

Mich zu brechen

Mit leeren Versprechen.

Aber das ist in Ordnung

Denn du bist nicht mehr mein Freund,

Mit dir habe ich einfach zu viel versäumt.

Ich tanze jetzt mit gelb,

Singe mit rot,

Esse mit grün,

Lache mit orange,

Denke mit beige,

Grüble mit lila,

Und vergesse mit blau.

Da ist leider kein Platz mehr für dich,

Liebes Grau.

Also hiss die weiße Flagge,

Ich hoffe du hast verstanden,

Ich will nie mehr ichlos sein,

Nicht mal in Gedanken.

Das hier ist mein Abschied von dir,

Wenn auch nicht für immer.

Vielleicht kommst du ja mal zu besuch,

Doch dann brauchst du dein eigenes Zimmer.

Denn der Abstand tut uns gut,

Vor allem mir.

Hier noch ein letzter Satz zu dir:

Vergessen werde ich dich wohl nie,

Doch das ist nicht schlimm

Kurze Gedanken an dich,

Die nehme ich hin.

Liebes Grau,

Auf Wiedersehen,

Lass mich nun allein,

Lass mich weitergehen.

Poesie

Meine Augen brennen

Und ich frage mich

Woher ich überhaupt die Kraft habe

Das hier zu schreiben.

<u>***Regen***</u>

Die Zeit

Fließt mir so schnell

Durch meine Finger.

An manchen Tagen liebe ich das,

An den meisten macht es mir Angst.

Ich hoffe mein inneres Kind

Fürchtet sich mit jedem regnerischen Tag

Ein Stück weniger

Vor der Zukunft;

Denn Stärke wächst nie durch

Sonne.

In Between Breaths

It´s what you get

In between the breaths

That takes your breath away.

It´s what I see

In these eyes staring back at me

What I fear;

The emptiness

The anger

The sadness

The grief

Don't you know

They´ve always been your biggest thief.

These eyes staring back at me

They scream

They cry

They will haunt me ´till I die.

They are the thief

Of happiness

Of joy

Of laughter

They shut down my soul

Who sings songs

About my happy ever after.

Every time I look in the mirror

I see these eyes

I find them strange

I can´t believe

That they are mine.

Don't be frightened

Don't be scared

Just let me be.

Be alone

Be in peace

Be at home

Cause in my own eyes

There lies

Everything I´ve ever known.

It´s what you get

In between the breaths

That takes your breath away.

We´re in process

Of letting go

And we will always be.

<u>*Vertigo*</u>

Catch me in the morning

When I´m bulletproof,

But oh,

Don't you see me in the night,

When my demons come to life.

The scream,

They scratch,

They bury my dreams,

Oh, they know my broken schemes.

These words cut deeper

Than razor blades,

Back to sweet sixteen.

The world turned cold,

Oh, how it seemed

Like a never-ending dream.

But when the morning comes to life

With its amber sun

My demons abjectly pack their bags

All they do is run.

But something never leaves,

Something always stays,

It´s their misty silhouettes

It haunts me every day.

I´d love to tell my younger self

How to love the dark,

But she is so deeply lost in time,

Her eyes

They lost their spark.

Oh little fool

I wish you knew

Letting yourself feel,

The horror,

The sorrow,

The pain,

The grief,

The falling,

The rising,

And everything in between;

Please hold on for a little longer,

It will only make you stronger.

Flucht / Halt

Es fühlt sich an

Als würde man flüchten,

Sich zu viel fühlen

Und gleichzeitig zu wenig.

Gibt es etwas

Was einen mehr zerreißt?

Als würde man jemanden lieben,

Mehr als alles andere,

Aber niemals diese Liebe

Zurückbekommen.

Du wirst weniger.

Ohne Halt.

Doch noch

Denkst du

Es sei dein Halt.

Zu verzichten,

Über dich selbst zu richten.

Leicht wie eine Feder,

Doch niemals leicht genug.

<u>*Am Seidenen Faden*</u>

Warum bloß,

warum falle ich

immer und immer wieder?

Und vor allem:

Warum bringe ich mich selber immer zum

Fallen?

Immer und immer wieder

Balanciere ich an einem tiefen Abgrund,

An einer Schlucht,

Auf einer Klippe.

Und manchmal

Lasse ich mich einfach selber fallen.

Warum?

Brauche ich den Schmerz?

Was ist das in mir,

Was diese Melancholie braucht,

Sich an ihr labt?

Ich wüsste es so gern.

Doch das weiß wohl nur der Himmel.

White Noise

It´s weird

How oddly peaceful I feel

While there are thunderstorms

Inside of me.

When I visualize it

It feels like I´m sitting on a bench,

Looking at the chaos,

The screaming mess,

The terror

Surrounding me.

And then my body

Suddenly turning on flight mode.

I see myself

Calmly watching the catastrophe,

Slightly smiling.

I see myself

Alone

But never lonely.

I see myself

Walking through a storm

With flowers in my hand.

<u>*Sometimes*</u>

Why is there an endless noise

Inside my head?

Sometimes it feels like

There are thousands of people

Screaming in chaos

Inside my head.

It is crazy.

Or maybe I am.

<u>***Herbst***</u>

Verblüht,

Verwelkt,

Vergeben,

Vergessen.

Mein September

Gleicht eines anderen Februars.

Alles scheint zu sterben.

Die malerische

Und poetische Dramatik dieses Monats

Macht mir jedes Jahr erneut zu schaffen.

Eigentlich erinnert mich der September nur daran,

Dass alles ein Ende hat.

Auch der September an sich.

Und die Hoffnung

Stirbt zuletzt.

White Torture

It´s almost funny

How our brain forgets the stuff

That hurts the most.

Remember the time

Your heart almost stopped?

Cold flashes

Running down your spine,

The depths of despair,

They once were mine.

Your bones shake,

Your voice breaks,

Your hunger never felt more awake.

Feeling deaf

As I was drowning in quicksand.

I remember closing my eyes,

Leaning my head back

And waiting for the sand to flood my lungs.

It never did.

<u>*Healing Trauma*</u>

Please stop

Haunting my brain,

My heart,

My everything.

`Cause everything

I have ever wanted

Is everything

You have always lost.

Sweet sixteen,

Invulnerable,

Brave,

Broken,

Scared,

Scared of fear,

Always chasing wonderland.

Substances changing the brain,

Covering up the pain.

People mirroring your traumas,

The worst thing it is you say.

Now you sit here,

Screaming silent

In a crowded space

With no one around you

Who is able to hold you.

Hold your fragile heart.

That is when you realize

It is you

You have always been searching for.

It is your challenge

To treat yourself

Like the love of your life.

Please accept your heavy thoughts.

Embrace them,

Heal them

And with time

And a beautiful honeysuckle

Will grow out of it.

<u>***Nothing To Fear But Fear Itself***</u>

It hits you.

Dark and gleaming

Shimmering and sharp

Looking like a snake

Slithering and sneaking

Its way into your life

Repeatedly.

It will never stop

Making your bones shake.

It´s up to you

How you react to the shaking.

<u>The Fall</u>

Sometimes it´s all about falling,

Not rising.

I want to fall

To fall down

Down

Deeper than the ground.

The idea of the fall

Is breathtaking.

Seconds of your life

Dangling on a sting.

It´s like dancing on the ceiling.

Fallen / Wach

Ich will einfach fallen

In ein endloses hellblau

Umringt von weißen Wolken

Wie in einem Traum;

Ich will dieses Gefühl

Wie in einem Traum

Wenn man von etwas sehr Hohem

Runterfällt;

Dieses Gefühl des Fallens

Will ich für immer

Denn so

Fühlt sich leben an

Nur dass man dabei

Wach ist.

<u>*2021*</u>

I can´t help

But smile

When I think of you.

Earth and air will come together,

Finding peace,

Trusting hope,

Transforming into something beautiful

Just like a rope.

You will feel light

Like a butterfly,

Who would have thought

Dreams could fly so high.

<u>*Spring Awakening*</u>

I will stop crying

The day

The flowers start blooming

Therefore, I will not have

To water them anymore.

Philine

She is about bursting into ashes

And rising like a phoenix.

She never wears black

Cause everything she touches

Turns into gold.

She smells like roses and honeysuckle,

And in the tender heart of hers

She holds blue dreams

Rosy mornings

Never-ending nights.

Her coffee

As dark as her eyes,

Her mind

So mystic and wise

And one thing

You should know,

You could never

Dim her spark down low;

`Cause a soul

As old as hers,

As strong as the seven seas

Never ever leaves

The thing that we call atmosphere.

<u>*Music*</u>

Some melodies,

They trigger me.

Certain parts

Inside of me

Gasping for air,

Reaching for sunlight.

<u>Semicolon</u>

Sometimes living

Feels like breathing

Under water,

Screaming in a lost desert,

Breaking through fragile ice.

It took me 20 years to get that

Reaching out to someone

Does not show weakness.

It portraits strength.

However, what is strength?

Living in pain and accepting it

Or

Living in pain

And wanting to change it?

Weird question.

But that's okay.

`Cause life is also very weird.

Everything seems so random

But it is not.

Always remember that

We are all stardust,

Breathing air,

Drinking water

And then at some point

We just disappear as if we were never there.

<u>Silence</u>

If silence was shattered

Torn apart

Ripped into pieces

Maybe it would be even

More quiet.

Or

It would be a screaming mess.

Or

Both together.

Maybe it would look like a broken glass,

Maybe like a fragile daisy,

Maybe like a grey autumn sky,

Maybe it would feel weird,

Maybe beautiful,

Maybe scary.

You only know

How it feels

If your own silence was shattered once before.

It could feel like a rainbow

On a cloudy afternoon

Like a candle

On a warm summer night.

It could feel like forgiveness,

51

It could feel like hope,

It will feel like life.

Innenleben

In der Stille liegt so viel Lärm.

Lärm von außen,

Aber auch von innen.

Betäubender, dröhnender Lärm.

Wie ein niemals endender Tinnitus.

Die Tiefen unserer Existenz

Mögen unergründlich sei,

Jedoch sind unsere Gefühle

Die Verbindung zu dem,

Was uns am Nächsten an unseren Ursprung führt.

Unsere irdischen Möglichkeiten sind begrenzt,

Aber niemals klein.

Was lässt dein Herz sprießen?

Das ist die Frage nach dem Selbst.

Wir sind keineswegs nur unsere Hülle.

Genau genommen sind wir alles andere als das.

Wer ich bin ist was ich liebe,

Was ich denke.

Meine Sehnsüchte,

Träume und Vorstellungen.

Dass unsere Seelen eine menschliche Hülle tragen

Hat den Grund

Dass all das was sie eigentlich sind,

Nämlich jede ein eigenes Universum,

Ein unendliches buntes Kunstwerk,

Gemalt vom Leben,

Jegliches menschliche Verständnis überschreiten würde.

Obwohl wir alle auf demselben Planeten existieren

Gibt es diese Welt acht Milliarden Mal.

Wir sind alle Paralleluniversen die zeitgleich bestehen.

<u>*Thank U*</u>

I am inspired.

Inspired by people.

By music.

By places.

By sounds.

By sunshine.

By everything around me.

The world is my inspiration.